Reinhold Ruthe
Mehr als Tannenbaum und Lichterglanz

Reinhold Ruthe

Mehr als Tannenbaum und Lichterglanz

Weihnachtsgeschichten

media**Kern**

Bibliografische Information der Deutschen Nationalbibliothek
Die Deutsche Nationalbibliothek verzeichnet diese Publikation
in der Deutschen Nationalbibliografie; detaillierte bibliografische
Daten sind im Internet über http://dnb.d-nb.de abrufbar.

ISBN 978-3-8429-2603-5

Bestell-Nr. 512 2603
© 2011 mediaKern GmbH, Friesenheim-Schuttern
Umschlagbild: © cmfotoworks/Fotolia,
Lupe: © Orlando Florin Rosu/Fotolia
Innenbilder: S. 11: arquiplay77/Fotolia; S. 29, 47, 67:
Roman Gudyma/Fotolia
Umschlaggestaltung, Layout, Satz: Ch. Karádi
Lektorat: Ulrike Chuchra/Dr. Ulrich Parlow
Gesamtherstellung: BasseDruck GmbH, Hagen
Printed in the EU 2011

www.media-kern.de

Inhalt

Liebe Leserinnen und Leser!

Ein frohes und gesegnetes Weihnachtsfest wünsche ich Ihnen. Nicht umsonst ist Weihnachten das größte Fest des Jahres. Im Grunde ist es die größte Revolution aller Zeiten.

Mit dem Kind
kommt der Himmel auf die Erde,
mit dem Kind
kommt Gott zu den Menschen,
mit dem Kind
kommt das ewige Licht in die Welt,
mit dem Kind
soll Friede in unsere Herzen einziehen.

Gott wird unser Vater, Christus wird unser Bruder, das Kind wird unser Retter. Die unüberwindlichen Mauern zwischen Himmel und Erde werden eingerissen. Gott will uns nicht abschreiben, er will uns ins Buch des Lebens schreiben.

Der unvergessliche Evangelist Wilhelm Busch wurde einmal gefragt, ob es nicht schrecklich sei, wie das schönste und heiligste Fest von Industrie und Gesellschaft vermarktet werde. Millionen Kerzen und Lichter würden den Kommerz anheizen und die Menschen würden vom Eigentlichen abgelenkt. Wilhelm Busch antwortete sinngemäß: Ist es nicht ein Wunder, dass Millionen und Abermillionen von Menschen in der Welt Lichter anzünden, Häuser und Straßen festlich schmücken, um die Geburt des Retters der Welt zu verkündigen?

Es liegt an uns, ob wir in der Weihnachtszeit Hektik und Stress abstreifen, ob wir Zeit zur Stille und Anbetung finden, ob wir aus der Geburt des Christkindes Kraft schöpfen.

Die Krippe ist der Anfang,
das Kreuz ist das Ziel.

In diesem Sinne ein frohes Fest

Ihr Reinhold Ruthe

Das Christuskind

Das Christuskind
schenkt unserm Leben Sinn und Ziel,
schenkt dir und mir Trost und Geborgenheit,
schenkt uns die Ewigkeit, ein Freudenspiel,
schenkt Gnade und Barmherzigkeit.

Das Christuskind
ist mehr als die moralische Instanz,
ist mehr als Kitsch und Kerzenschein,
ist mehr als Tannenbaum und Lichterglanz,
ist mehr als süß. Es will dein Retter sein!

Das Weihnachtsgeschenk

Eine eindrückliche Erinnerung an das Weihnachtsfest, das ich als Achtjähriger erlebte, ist mir bis heute geblieben. Das Fest begann immer am ersten Weihnachtstag. Das war bei uns so üblich. Eine Bescherung am Heiligen Abend wie in vielen anderen Familien gab es nicht. Die Festtage begannen mit dem nächtlichen Gottesdienst am ersten Weihnachtstag morgens um sechs Uhr.

Mitten in der Nacht mussten wir aufstehen. An diesem besonderen Tag wurden wir von der Mutter mit einer Glocke geweckt. Ihr Läuten war wie ein Klang aus einer anderen Welt. Die Müdigkeit war abrupt verschwunden. Im Nu war ich angezogen. Unter der Pumpe, die selbstverständlich nur kaltes Wasser lieferte, begann ich eine Katzenwäsche. Die gute Stube, die nur sonntags, an Feiertagen und zu besonderen Anlässen benutzt wurde, war abgeschlossen. Das kleine Fenster neben der Tür war mit einem Vorhang verdeckt. Nur ein bis zwei Zentimeter am Fensterrahmen ließen den

Blick frei für das Wohnzimmer. Der Baum war festlich geschmückt mit kleinen und großen silbernen Kugeln und viel Lametta. Unter dem Baum war alles verdeckt. Ein großes rotes Tuch hüllte die Geschenke ein.

In der Küche wurde gegessen. Nur eine Kleinigkeit. Mutter war schon lange auf den Beinen. Die Erwachsenen tranken richtigen Kaffee, keinen Muckefuck, wie der Kaffee-Ersatz damals hieß. Es gab ein paar Plätzchen und ein Stück selbst gebackenen Kuchen. Die kleine Schwester schlief noch. Mutter blieb darum zu Hause und bereitete das üppige Frühstück vor, das es nach dem Weihnachtsgottesdienst geben würde.

Der nächtliche Gottesdienst nannte sich Uchte. Selbstverständlich gingen alle Hausbewohner, die abkömmlich waren, dorthin. Der Weg zur Kirche dauerte etwa zwanzig Minuten. Mehr als zwei Kilometer mussten zu Fuß bewältigt werden.

Als mein Vater und ich das Haus verließen, sahen wir in der Dunkelheit überall kleine Lichter. Die Gottesdienstbesucher hielten Taschenlampen in ihren Händen, um den Weg zu finden. Helle Straßenlaternen waren damals noch nicht üblich. Ich hängte mich an Vaters Arm, er bestimmte das Tempo. Bürgersteige fehlten, der Autoverkehr war zu jener Zeit noch sehr gering.

Die alte Kirche mit den hohen Fensterportalen ist hell erleuchtet. Durch die bunten Kirchenscheiben fällt warmes, einladendes Licht. Die Nacht ist schwarz, selbst die Konturen der Kirche sind nicht zu sehen.

Vater und ich schreiten durch das Kirchenportal. Zwei riesige Tannenbäume, die mit vielen weißen Wachskerzen bestückt sind, stehen rechts und links neben dem Altar. Die brennenden Kerzen geben ein lebendiges, flackerndes Licht ab, besonders wenn die Türen auf beiden Seiten des Kirchenschiffes geöffnet werden und der Wind von draußen in das Kirchenschiff dringt.

Dick eingepackt in Mäntel und Schals, sitzen die Besucher, Männer und Frauen, Junge und Alte, in den Bänken. Es herrscht Stille, nur wenige Menschen unterhalten sich, bevor der Gottesdienst beginnt.

Der Posaunenchor stimmt einen Choral an

und der Gottesdienst nimmt seinen Verlauf. Viele Weihnachtslieder werden gemeinsam gesungen, teilweise begleiten der Chor oder die Posaunen den Gesang. Wir sitzen oben auf der Empore und können die wunderbar geschmückten Weihnachtsbäume sehen. Vor dem Altar ist eine große Weihnachtskrippe aufgebaut. Das Jesuskind, die Eltern, die Heiligen Drei Könige und Ochs und Esel sind hell erleuchtet.

Von der Predigt weiß ich kaum noch etwas. Nur ein Vergleich ist mir im Gedächtnis geblieben: Der nächtliche Gottesdienst sei ein Bild für die Dunkelheit und Finsternis der Welt, die vom hellen Licht des Kindes in der Krippe erleuchtet werde.

Am Ende des Gottesdienstes ertönt das Lied »Tochter Zion«. Der wuchtige Posaunenchor reißt die Sänger in der Kirche mit und ganz allmählich verlassen die vielen Besucher das Gotteshaus.

Inzwischen habe ich auf der Empore meinen Freund Erwin entdeckt. Einige Male habe ich ihm schon zugewinkt. Es ist ein lang aufgeschossener, schmächtiger Junge und hat ein

schmales, fast eingefallenes Gesicht. Seine Eltern sind arm, jedenfalls hat mein Vater mir das
gesagt, und ich solle auf keinen Fall andern Kin-
dern davon erzählen. Mich hat das nie gestört,
wir haben auch nicht darüber geredet. Allerdings trägt Erwin nur eine leichte Jacke über
dem grauen Pullover. Weil er so dünn ist, sieht
er doppelt ärmlich aus, das stimmt.

Heute hab ich ihn beobachtet. Laut und begeistert hat er mitgesungen.

Vor der Kirche verabschiede ich mich von
meinem Vater. Ich will mit Erwin allein nach
Hause gehen. Seine kalten Hände stecken in
den Hosentaschen. Er hat keine Handschuhe.
Eine Taschenlampe besitzt er auch nicht. Mir
hat meine Mutter Strickhandschuhe mitgege-
ben und eine Taschenlampe, die uns den
Heimweg zeigt. Erwin wohnt nur einige Häuser von uns entfernt.

»Wir hatten schon gestern Nachmittag Bescherung!«, sagt er. Seine Stimme klingt stolz
und glücklich.

Ich antworte lächelnd: »Da hast du sicher
viel eingeheimst, oder?«

Er stutzt einen Augenblick, weil er diese

Frage nicht erwartet hat. Und etwas zögerlich kommt es heraus: »Ne, das gerade nicht!«

Ich bleibe neugierig und frage nach: »Was hast du denn bekommen?«

Er tritt nahe an mich heran. Ob er will, dass es niemand hört? »Einen schönen Teller voll mit Nüssen, eine Tafel Schokolade und fünfzig Pfennig extra.«

Einen kurzen Augenblick denke ich: »Und was noch?« Aber es kommt nichts weiter. Mir verschlägt es die Sprache. Ich schäme mich. Wahrscheinlich darf ich viel mehr erwarten. An diese Szene kann ich mich genau erinnern. Es war auf halbem Wege zum Elternhaus.

Erwin kommt mir in meiner Verlegenheit entgegen. »Aber wir haben uns noch über eine ganz andere Bescherung gefreut!« Wieder hat seine Stimme den sonst monotonen Klang verloren. Er klingt irgendwie glücklich, als er erzählt: »Mein Vater hat vom Christkind sein Fahrrad zurückbekommen!«

Ich stutze und bleibe erstaunt stehen. Mit der Taschenlampe leuchte ich in Erwins Gesicht. Er strahlt richtig. Ungläubig schüttele ich den Kopf. »Das verstehe ich nicht!«

»Klar, das kannst du auch nicht verstehen!« Erwin dreht sich wieder nach vorn und wir gehen weiter. »Du weißt ja gar nicht, was passiert ist!«

Das macht mich neugierig. »Und was ist passiert?«

Erwin spricht geheimnisvoll. »Das ist eine komische Sache. Eine Woche vor Heiligabend haben sie meinem Vater das Fahrrad vor einem Bäckerladen geklaut. Er hat ein Brot unterm Arm, kommt aus dem Laden raus und sein Fahrrad ist futsch. Kannst du das begreifen?«

In der finsteren Nacht schüttele ich ungläubig den Kopf. Erwin sieht es sicher nicht.

Er bleibt wieder stehen und fasst mich am Arm. »Meine Güte, mein Vater ist auf das Fahrrad angewiesen. Ohne Fahrrad kann er nicht zur Arbeit.« Die Verzweiflung seines Vaters berührt ihn tief.

»Und was hat das mit der Bescherung auf sich?«, frage ich ziemlich abrupt.

Erwins Stimme wird lauter. »Weißt du, die Tage vor Weihnachten waren schrecklich. Meine Mutter hat viel geweint. Und mein Vater ist bedrückt und wortlos herumgelaufen.

Wie sollte er nun zur Arbeit kommen? Kein Mensch in der Nähe hat ein Motorrad und könnte ihn mitnehmen. Ich weiß das jetzt erst, ein Fahrrad ist ein Vermögen!«

Erwins Gedanken verwirren mich. Ich versuche mir klarzumachen, dass ein Fahrrad ein Vermögen ist. In welcher Welt habe ich gelebt?

Erwin ist noch überwältigt von dem Erlebten. »An dem Tag, als das Fahrrad geklaut wurde, ist meine Mutter spätabends an mein Bett gekommen. Sie hat mit den Tränen gekämpft und zu mir gesagt, dass ich jetzt bis zum Heiligen Abend mehrere Male am Tag zum Jesuskind beten muss, damit Vater sein Fahrrad wiederbekommt.«

Erwin geht langsamer. So redselig habe ich ihn selten erlebt.

»Als meine Mutter gegangen war, lag ich lange wach und suchte ein paar vernünftige Sätze, die ich Jesus sagen wollte. Ich durfte ihm doch auf keinen Fall etwas vorstottern!«

Ich kann nichts sagen, mein Hals ist wie zugeschnürt.

»Glaub mir, mein Vater und meine Mutter taten mir so leid, ich hab an ein Weihnachtsgeschenk für mich überhaupt nicht mehr gedacht. Ich habe tatsächlich einige Male am Tag zu Jesus gerufen, er möchte meinem Vater ein neues Fahrrad beschaffen. Ich konnte mir nicht vorstellen, dass er sein altes zurückbekommt.«

»Und was ist passiert?«, frage ich betroffen.

Erwin antwortet schnell. Die Geschichte bewegt ihn vom Scheitel bis zur Sohle. »Stell dir vor, am Morgen des Heiligen Abends ist ein Polizist gekommen und hat Papas Fahrrad gebracht. Vater und Mutter standen mit offenem Mund dar. Ich stand hinter den beiden und war platt. Mit einem Blick hab ich gesehen, dass alles noch dran war am Fahrrad, nichts war kaputt. Ich glaube, der Polizist kam sich auch ziemlich komisch vor. Mein Vater hat nur verwundert den Kopf geschüttelt. Er kriegte kein Wort raus.«

In mir ist alles gespannt. Ich habe gar nicht gemerkt, dass wir schon fast vor unserer Haustür stehen.

Erwin erzählt weiter. »Der Polizist hat noch gesagt: ›Der Dieb ist inzwischen verhaftet worden. Als er mit dem gestohlenen Fahrrad losfuhr, ist ihm ein Motorradfahrer heimlich gefolgt. Der Dieb hat das Fahrrad im Schuppen seines Hauses versteckt. Der Motorradfahrer hat mich angerufen. Ich habe das Fahrrad abgeholt. Hier ist es‹ – und damit hat er es an die Hauswand gestellt.«

Es sprudelt nur so aus meinem Freund heraus. Ihn hat wirklich die Weihnachtsfreude gepackt. »Meine Mutter hat mich vielsagend angeschaut und meinem Vater liefen ein paar Tränen die Backen herunter. Endlich hat er seine Fassung wieder gefunden. Er ist auf den Beamten zugelaufen und hat ihm innig beide Hände gedrückt. Ich mache kein Hehl daraus, ich war auch stolz, dass ich dem Heiland ein Wunder zugetraut habe.«

Er holt noch einmal tief Luft. »Junge, und jetzt feiern wir so richtig Weihnachten!«, sagt er.

Ich nickte nur und bewundere meinen Freund. Wir verabschieden uns, wünschen einander frohe und gesegnete Weihnachtstage. Die Nacht hat unsere Welt noch fest im Griff. Wie einen Schatten sehe ich meinen glücklichen Freund losrennen.

Als in unserer Familie das üppige Frühstück mit heißer Schokolade, Printen und Stollen zu Ende ist, gehen Vater und Mutter mit meiner kleinen Schwester und mir zum Weihnachtsbaum, unter dem viele Geschenke liegen, die mit einer roten Decke verhüllt sind.

Vater stimmt das Weihnachtslied »O du fröhliche, o du selige, gnadenbringende Weihnachtszeit« an. Meine kleine Schwester und ich können die Strophen nur stammeln. Zum Auswendiglernen hat es nicht gereicht. Und dann der große Augenblick!

Mutter nimmt vorsichtig die schöne Decke von den Geschenken und wir staunen über die vielen Päckchen, die liebevoll in Weihnachtspapier verpackt sind. Meine Schwester blickt wie hypnotisiert auf alles, was das Christkind gebracht hat.

Bevor ich hastig das erste Päckchen öffne, denke ich an Erwin, der in der Uchte aus tiefstem Herzen dem Christkind gedankt hat, dass es dem Vater sein wertvolles Fahrrad zurückgebracht hat.

Einmal nur

Einmal nur
will ich entfliehn der Heile-Welt-Idylle,
einmal nur
will ich der Hektik aus dem Wege gehn,
einmal nur
wünsch ich den Blick auf seine Fülle,
einmal nur
will ich allein das Christkind sehn.

Einmal nur
will ich den alten Trott durchbrechen,
einmal nur
will ich der Masse nicht entsprechen,
einmal nur
will ich die eil'gen Tage vor dem Fest beenden,
einmal nur
will ich allein dem Kind Anbetung spenden.

Heilsame Gnade

Denn es ist erschienen die heilsame Gnade Gottes allen Menschen.
Titus 2,11

Zur Weihnachtszeit öffnen sich in vielen Ländern der Welt die Gefängnisse. Menschen werden freigelassen durch einen »Gnadenerlass«. Für sie verbindet sich damit eine übergroße Freude: Sie erhalten ihre Freiheit zurück – und das unverdient!

Der Theologe Dietrich Bonhoeffer, der im KZ Flossenbürg starb, unterscheidet zwischen »billiger Gnade« und »heilsamer« oder »teurer Gnade«. Weihnachten ist nicht das Fest der billigen Gnade zu Discountpreisen. Die heilsame Gnade Gottes wird uns nicht nachgeworfen. Sie kostet uns einiges, und sie hat Gott etwas gekostet. Darauf hat Bonhoeffer zu Recht aufmerksam gemacht. Die heilsame Gnade ist erschienen. Wer anbetet, wer anklopft, wer sie sucht und erbittet, dem wird sie zuteil.

Die Weihnachtstage, der Geburtstag unseres Herrn, sind Anlass genug, über die billige und die heilsame Gnade nachzudenken. Die heilsame Gnade führt in die Nachfolge. Haben wir das bedacht?

Herr, wir feiern deinen Geburtstag, weil du als der gnädige Retter auf diese Erde gekommen bist. Vergib, wenn wir deine Gnade leichtfertig in Anspruch genommen haben. Vergib, wenn wir sie zu selbstverständlich hinnehmen. Amen.

Das Kind liegt in Windeln und in Glassplittern

Mia Müller ist die einzige Tochter ihrer Mutter Elvira, die leider 200 Kilometer entfernt wohnt. Elvira ist seit Jahren verwitwet und lebt allein in ihrer Wohnung. Sie pflegt einen engen Kontakt zur Gemeinde und besucht während der Woche einige Veranstaltungen.

Am zweiten Adventssonntag sitzt Mia vor den beiden brennenden Kerzen auf dem Kranz und überlegt, was sie der Mutter zu Weihnachten schenken soll. Glücklicher- oder unglücklicherweise hat Elvira ausgerechnet am zweiten Weihnachtstag Geburtstag. Sie wird dieses Jahr achtzig Jahre alt und feiert ein Fest, zu dem die Tochter mit ihrem Mann, das Enkelkind, Freunde und Verwandte erwartet werden.

Schon seit Jahren verkündet Elvira, so jedenfalls deutet es Mia, dass sie keine Geschenke erwartet. Immer wieder bringt sie zum Ausdruck: »Ich bin ein Weihnachtskind. Christus ist für uns geboren. Er ist für mich das schönste Geschenk. Daran werde ich Jahr für Jahr erinnert.« Basta! Das letzte Wort hat sie nicht gesagt, aber gedacht. Wer Elvira kennt, weiß, dass sie keine frommen Sprüche klopft. Sie sagt und tut, was sie denkt.

Plötzlich hat Mia eine Idee. Sie schaut in das flackernde Licht, und die Idee gewinnt Gestalt. Mutters Geburtstag muss dieses Jahr etwas aufwendiger gefeiert werden. Achtzig Jahre sind kein Pappenstiel. Leise spricht sie mit sich selbst: »Wir schenken Mutter zehn kostbare Weißweingläser, schön geschliffene Römer aus Kristall, und zehn kleine Schälchen für den Aperitif. Die Weinflaschen gehören dazu, ein Aperitif ebenso. Wenn dann die Besucher nach dem Gottesdienst kommen, ist alles gut vorbereitet.« Mia reibt sich die Hände, sie ist mit sich zufrieden.

Auch ihr Mann Theo, der etwas verfroren mit Tochter Jessika aus der Stadt zurückkommt, stimmt der Geschenkidee zu. Jessika ist noch zu klein, um eine Meinung dazu zu haben. Theo küsst seine Frau auf die Wange und sagt spitzbübisch: »Du hast recht, es ist kein richtiges Geschenk, deine Mutter will das ja nicht, aber für die Achtzig-Jahr-Feier ist die Idee einmalig.«

Also kaufen Mia und Theo das vereinbarte Geschenk ein, damit sie es zum geplanten kleinen Empfang bei Elvira am zweiten Weihnachtstag mitbringen können. Die Gläser werden in feines Seidenpapier gewickelt und dicht nebeneinander in eine Schachtel gelegt. Mias Mann zieht die Stirn kraus und hat bei der Verpackung Bedenken. Der Verkäufer beruhigt sie, es sei noch niemals etwas mit seinen Gläsern passiert. Mia ist beeindruckt, wie er von seinen Gläsern spricht. Und beide lassen sich beruhigen.

Am zweiten Weihnachtstag ist der Regen vom ersten Weihnachtstag pünktlich in Schnee übergegangen. Kinder und Rodler sind begeistert, die Autofahrer schauen bedenklich. Auch das Ehepaar Müller trifft vor dem Haus auf eine glatte Straße. Theo schüttelt besorgt den Kopf. »Damit habe ich nicht gerechnet. Aber wir müssen fahren!«

Das Thermometer zeigt zwei Grad minus. Die Autobahnen sind sicher gestreut, aber noch lange nicht alle Wege und Straßen. Die

Fahrt ins Sauerland geht teilweise über die Autobahn, ein Teil der Strecke verläuft über die Dörfer.

Mias Mann hat die große Krippe, die er schon vor Jahren gebastelt hat und die in einem aus Holz gezimmerten alten Stall steht, vom Kleiderschrank geholt und lädt sie hinten ins Auto. Die schweren Keramikfiguren, Maria und Josef, die Heiligen Drei Könige, Ochs und Esel und die Hirten auf dem Feld, liegen nebeneinander im Stall. Davor finden die kostbaren Gläser ihren Platz.

Um acht Uhr morgens fahren sie los. Gegen halb zwölf wollen sie spätestens bei der Mutter eintreffen. Theo fährt und hat eine CD mit Weihnachtsliedern eingelegt. Jessika ist hinter dem Vater in ihrem Kindersitz angeschnallt. Mia sitzt neben ihr und summt die Weihnachtslieder mit.

Die Fahrt auf der Autobahn verläuft problemlos. Die Strecke ist gut geräumt. Nur auf den Scheiben bildet sich immer wieder ein grauweißer Film.

Eben hat Mias Mann noch gesagt: »Und jetzt beginnt der schwerste Teil der Reise.« Sie sind von der Autobahn abgebogen und fahren im Halbkreis auf eine Ampelanlage zu. Im letzten Augenblick wird es gelb und Theo tritt auf die Bremse. Der Wagen rutscht noch ein bis zwei Meter und bleibt hinter der Ampelanlage stehen. Hinter ihnen ist ein junges Pärchen in einem Jeep mit hohem Fahrgestell zu nahe aufgefahren. Es bekommt den Wagen nicht mehr unter Kontrolle und fährt mit voller Wucht auf Müllers rutschenden Wagen auf. Ein lautes Krachen entsetzt die Insassen der Fahrzeuge. Glas splittert. Die Autobleche streifen sich quietschend. Jessika steht unter Schock. Im Kindersitz ist sie ordentlich durchgeschüttelt worden, sie schreit wie von Sinnen. Mia Müller ist nur gegen das Kopfpolster geprallt und versucht nun, die Tochter zu beruhigen. Ihr Mann ist relativ ruhig geblieben. Er hat den Motor und die Weihnachtsmusik abgestellt und steigt aus seinem Wagen. Das junge Paar ist rechts und links aus seinem Jeep gesprungen. Beide schauen auf das Wrack vor ihnen. Die junge Frau wirft sich in die Arme des Mannes und schluchzt: »Das ist eine furchtbare Bescherung. An alles habe ich gedacht, nur an so etwas nicht!«

Der junge Mann entschuldigt sich bei Theo: »Das tut mir entsetzlich leid, ich glaube, ich war zu dicht hinter Ihnen und habe zu spät gemerkt, dass Sie bremsen.«

Theo Müller nickt nur und schaut verstört auf das verbeulte Hinterteil seines Autos. Die Heckklappe ist völlig zerknautscht, das Glas der Scheibe ist zersplittert. Im Auto schreit Jessika, ohne aufzuhören. Mia wiegt das Kind in ihren Armen.

Hinter den verkeilten Fahrzeugen hupen andere Autos. Sie können nicht überblicken, was geschehen ist. Auf der anderen Straßenseite halten Autos an. Neugierige stehen am Straßenrand und blockieren den Verkehr.

»Wir müssen unbedingt die Polizei rufen!«, spricht Theo den Unfallverursacher an. Die junge Frau hängt ihm weinend im Arm. »Ich erledige das!« Der junge Mann reißt sich von der Partnerin los, öffnet eine Wagentür und sucht sein Handy. Er wühlt kopflos in einer riesigen Badetasche. Als er das Handy in der Hand hält, weiß er die Nummer nicht. Hilflos schaut er in den grauen Himmel und hantiert verwirrt mit dem Gerät herum.

Seine Begleiterin nimmt ihm das Handy aus der Hand und wählt eine Nummer. Die Polizei meldet sich sofort. Die junge Frau nennt den Ort des Zusammenstoßes.

Im Auto hat sich Jessika beruhigt. Sie schmiegt sich ängstlich an die Mutter und schaut auf die Trümmer und das Durcheinander hinter ihr. Sie kann nicht begreifen, was passiert ist.

In wenigen Minuten ist die Polizei mit zwei Beamten zur Stelle. Der eine holt eine Kamera aus dem Wagen, macht eine Aufnahme und bittet die Fahrer, die Kreuzung zu räumen. Inzwischen nimmt der andere Beamte die Personalien der Fahrer auf. Der Fahrer des Jeeps hat den Motor angelassen und zieht sein Fahrzeug krächzend aus dem zerbeulten Wagen der Familie Müller. Die bulligen Stoßstangen seines Fahrzeugs haben sich tief in den Rahmen des Autos gebohrt. Die Pakete mit den Weingläsern sind zerrissen und die Scherben haben sich über die ganze Krippe verteilt. Auch Theo Müller zieht sein Auto von der Kreuzung nach rechts und parkt auf dem Seitenstreifen. Beide Wagen sind noch fahrtüchtig.

Mia hat inzwischen ihre Mutter angerufen, um sie zu benachrichtigen, dass sie später eintreffen. Kurz und bündig gratuliert sie ihrer Mutter zum Geburtstag und erklärt in einer Mischung aus Galgenhumor und Verzweiflung: »Unsere erste Bescherung haben wir schon hinter uns!« Die atemlose Hektik in ihrer Stimme verrät, dass sie nichts Angenehmes meint. Elvira ist aufgeschreckt und will Einzelheiten erfahren, aber Mia lässt die Mutter im Ungewissen.

Beide Fahrer erledigen die nötigen Formalitäten und können sich anschließend wieder auf den Weg machen.

Elvira steht schon an der Tür, als das zerbeulte Auto vorfährt. Sie friert und reibt sich die Hände. Theo Müller springt als Erster aus dem Wagen, nimmt seine Schwiegermutter in den Arm, wünscht ihr ein gesegnetes Weihnachtsfest und gratuliert herzlich zum Geburtstag. Jessika klammert sich fest an ihre Mutter und beide steigen aus dem hinteren Wagenteil. Gemeinsam drücken und umarmen sie Elvira und wünschen ihr ebenfalls viel Glück und Gottes Segen. Das Geburtstagskind tritt zwei Schritte näher und sieht plötzlich den Schaden am Auto. Betroffen schlägt Elvira die Hände vors Gesicht.

Die verbeulte Heckklappe lässt sich natürlich nicht mehr öffnen. Theo klappt die hinteren Sitze um und holt so die große Krippe und den Stall aus dem Auto. Der strohbedeckte Boden des Stalls und die Krippe sind mit Glassplittern übersät. Die Gläser sind bis auf zwei alle zerbrochen. Das Christuskind ist mit Glasscherben bedeckt. Aber sein zufriedenes Lächeln hat es nicht verloren. Theo trägt die Krippe mit dem Stall ins Wohnzimmer. Da sitzen schon einige Gäste und trinken einen Aperitif aus Gläsern, die bereits auf den Tischen stehen.

Das Geburtstagskind hat das Sideboard frei gemacht. Die Krippe nimmt die Hälfte des Schrankes ein. Theo schließt den Stecker mit den dünnen Schnüren zu den Lämpchen und Birnen in Krippe und Stall an. Alle Lichter sind heil geblieben. Maria und Josef, die Heiligen Drei Könige, die Hirten, Ochs und Esel, die bei dem Aufprall durcheinandergeflogen sind, werden wieder an ihren Platz gestellt. Nur die kleinen Glassplitter, die scharf und kantig herumliegen, mag keiner mit bloßen Händen anfassen.

Familie Müller stellt sich den Gästen vor und gesteht Elvira, dass sich ihr Geschenk leider in tausend Glasteilchen aufgelöst hat. Das Geburtstagskind ist abgelenkt, denn immer neue Gäste kommen, gratulieren und suchen einen Platz. Aus allen Räumen sind Stühle und Schemel herbeigeschafft worden und die Besucher quetschen sich dicht aneinander. Zum Schluss erscheint noch der Pastor der Gemeinde. Für ihn gibt es im Augenblick keinen Platz. Nach Ende des Gottesdienstes hat er sich sofort auf den Weg gemacht.

Er steht vor der Krippe und schaut interessiert in den Stall. So eine Krippe hat er noch nie gesehen. Der Dachstuhl ist eingeknickt, die kleinen Holzdachpfannen hängen schief und das Christuskind ist mit Glasscherben zugedeckt. Die Glasteile spiegeln von allen Seiten das Licht wider, und so ist das Christuskind in ein glänzendes Lichtermeer gehüllt.

In seinem Gesicht arbeitet es. Er muss ja schließlich ein hilfreiches Wort sagen. Er dreht sich spontan um, die Gespräche verstummen. Er zerknüllt einen Zettel, den er in der Hand gehalten hat, und lässt ihn im Jackett verschwinden.

»Liebes Geburtstagskind, liebe Gäste! Ein kurzes Wort, das ich vorbereitet hatte, habe ich wieder in die Tasche gesteckt. Ich weiß, die liebe Elvira will auf keinen Fall, dass ihr Geburtstag mehr Beachtung findet als der Geburtstag unseres Herrn. Sie lehnt auch Geschenke ab, weil das Christuskind unser größtes Geschenk ist. Einverstanden! Im Mittelpunkt des Raumes steht eine wunderbare Krippe. Der Stall spiegelt in der Tat die armselige Geburtsstätte unseres Herrn wider. Gott wird Mensch und besucht unsere kaputte Erde. Er kommt in eine Welt und findet einen riesigen Scherbenhaufen vor. So ist unsere Situation, so sieht unser Dasein aus. Ich habe noch nie in meinem Leben eine Krippe gesehen, die unseren menschlichen Zustand besser charakterisiert hätte. Sein Kommen in diese zerbrochene Welt ist ein Wunder.«

Das Geburtstagskind springt auf und klatscht in die Hände und alle schließen sich an. Vergnügt schaut Elvira zu Mia, Theo und Jessika.

Der Pastor ergreift ein gefülltes Glas, das auf der Anrichte steht, und hebt es in die Höhe. Die übrigen Gäste folgen seinem Beispiel und erheben sich. »Wir feiern heute gemeinsam Weihnachten und den Geburtstag unserer achtzigjährigen Jubilarin. Herzlichen Glückwunsch!«

Theo Müller stößt seine Frau an und flüstert ihr zu: »Scherben bringen doch Glück … Hättest du eine solche Bescherung erwartet?«

O Gott, du kommst

O Gott, du kommst in eine kranke Welt,
kein roter Teppich, kein Trompetenschall,
du siehst nichts Gutes, nichts, was dir gefällt,
nur Krieg und Krisen, Unheil überall.

O Gott, du kommst in eine kranke Welt,
die Krippe ist dein Armutszeichen,
nichts ist, was dich im Himmel hält,
du stellst für uns die Lebensweichen.

O Gott, du kommst in eine kranke Welt
und liebst uns Arme unverdient,
wir sind nun vor die Wahl gestellt,
am Kreuz hast du für uns gesühnt.

Der Sohn kommt

Gelobt sei, der da kommt in dem Namen des Herrn!   *Matthäus 21,9*

Das Gedicht *Advent* des Schriftstellers Rudolf Otto Wiemer beginnt mit den überraschenden Worten: »Holt den Sohn vom Bahnhof ab.« Man weiß nicht, mit welchem Zug er kommt, aber dass er kommt, ist sicher. Dass wir ihn bloß nicht verpassen! »Denn er kommt nur einmal.«

Ja, der Sohn kommt. Ein aufregendes Ereignis. Es gibt tagelange Vorbereitungen. Alle Einzelheiten werden nicht einmal, sondern mehrfach besprochen. Eine sehnsüchtige Erwartung liegt über der Familie. Lange Zeit vor der Ankunft des Zuges gehen Familienangehörige auf dem Bahnhof auf und ab. Man könnte ihn sonst verpassen!

Und wie sieht unsere Erwartung aus? Wo ist etwas von der Spannung, von der Erwartung, von der Sehnsucht, wo ist etwas von der Vorbereitung zu spüren? Erwarten wir nicht viel eher stille, ruhige und erholsame Tage als den Herrn? Sind die Adventstage nicht damit ausgefüllt, dass wir uns die Köpfe zerbrechen, welche Geschenke wir anderen Menschen überreichen wollen? Wir sind beschäftigt, engagiert, wir laufen auf und ab, wir schauen immer wieder auf den Terminkalender, wann es so weit ist. Nur – hat all das etwas mit dem lebendigen, kommenden Herrn zu tun?

Wann finden wir die Zeit, über uns selbst nachzudenken? Über unsere Unrast, unsere Geschäftigkeit und unsere Erwartungslosigkeit?

Herr, vergib uns, dass unsere Erwartung so lustlos, unsere Freude so theoretisch, unser Adventsgesang so routiniert, unsere Dankbarkeit gekünstelt und die Ausstrahlung unseres christlichen Lebens mangelhaft ist. Amen.

Ich sammle für (m)eine verarmte Familie

In der Adventszeit steht jeden Sonntag nach dem Gottesdienst auf dem Bürgersteig der Hauptstraße, die an der Christuskirche vorbeiführt, ein hoch aufgeschossener Junge. Er betritt nicht den Kirchplatz, der zur Gemeinde gehört, um Unannehmlichkeiten zu vermeiden. Seine Haare sind ungekämmt, seine Schuhe zerschlissen und sein Parka ist an den Ärmeln abgenutzt. In der Hand trägt er ein Pappschild, auf dem zu lesen ist: »Ich sammle für meine verarmte Familie.«

Am zweiten Adventssonntag gehen einige Gottesdienstbesucher irritiert zum Pfarrer zurück und beschweren sich über den Bettler vor der Kirche. Dem Pfarrer ist das unangenehm, aber er verspricht, sich um die Sache zu kümmern. In der Tat, da steht der Jugendliche und sieht etwas verwahrlost aus. Er trägt keine Handschuhe. In der einen Hand hält er eine Dose, in der anderen Hand das Pappschild.

Der Pfarrer spricht ihn an: »Du stehst direkt

vor der Kirche und sammelst für deine verarmte Familie?«

»Ist das etwa verboten?«, fragt der Junge selbstbewusst zurück.

»Auf dem Kirchengelände schon!«

»Aber da stehe ich ja nicht«, entgegnet der Junge schnippisch.

»Und warum sammelst du gerade vor einer Kirche?«

Der Junge denkt eine Weile nach und erklärt dann: »Von der Kirche halte ich nicht viel, aber die Leute sind ein bisschen spendabler als alle anderen.«

Der Pfarrer zeigt ein zufriedenes Gesicht. »Und was glaubst du, warum die Christen etwas spendabler sind als die anderen?«

Der Junge ist bereit, sich auf das Gespräch einzulassen. Da kommt eine alte Dame an den beiden vorbei. Sie grüßt höflich, öffnet ihr Portemonnaie und steckt dem Jungen einen Fünfeuroschein in die Büchse. Der Pastor winkt der alten Dame nach und wendet sich wieder an den Jungen: »Mal ehrlich, was meinst du, warum die das tun? Haben die alle eine kleine Macke und fallen auf jeden Bettler rein?«

Die Gottesdienstbesucher sind weg. Der Pastor steht mit dem Jungen allein auf dem Bürgersteig. Der Junge hat sein Schild auf die Erde gestellt und die Büchse mit Inhalt in seinen Rucksack gesteckt. Weil der Pastor ihm keine Vorwürfe macht, antwortet er ihm. »Ja, hier lohnt sich das. Die meisten, die was geben, sind weiche Typen«, sagt er.

Der Pastor übersetzt: »Du meinst, das sind Weicheier?«

Der Junge lächelt erst, aber dann erklärt er mit ernster Stimme: »Nein, das sind ganz normale Leute, aber die haben mehr Herz als andere.«

Der Pastor ist gerührt. »Du, das finde ich toll, wie du das sagst. Nächsten Sonntag werde ich den Leuten im Gottesdienst sagen, worin sich Christen von anderen unterscheiden. Ein vierzehnjähriger Junge, der mit der Kirche nicht viel am Hut hat, hat mir gestanden: Christen sind Leute, die mehr Herz haben als andere, ist das richtig?«

Der Junge lächelt wieder. »Ich glaube schon, aber ich bin erst dreizehn. Sie haben fast richtig getippt.«

Der Junge ist dem Pastor sympathisch. »Erzählst du mir ein bisschen, wie's bei dir zu Hause aussieht?«

Der Junge nickt. Auf solche Fragen ist er vorbereitet. Jetzt sprudelt es aus ihm heraus. »Ich habe noch vier Geschwister. Ich bin der Älteste. Mein Vater ist schon seit fünf Jahren arbeitslos und meine Mutter sitzt im Rollstuhl. Eine kleine Schwester ist blind.«

Der Junge holt tief Luft und schaut den Pastor an. Der nickt betroffen. »Das ist wirklich bedrückend. Wo wohnst du denn?«

Die Frage scheint ihm nicht zu behagen. Er lässt den Pastor im Ungewissen. »Wir wohnen in den scheußlichen Mietshäusern in der Südstadt, wenn Sie wissen, wo das ist!«

»Aha«, sagt der Pfarrer und merkt, dass er nichts Genaueres erfahren wird.

»Und wie darf ich dich ansprechen, wenn ich dir wieder irgendwo begegne?«

»Ich heiße Manfred.«

»Auf jeden Fall, Manfred, hast du heute gut eingenommen, oder?«

Der Junge ergreift sein Pappschild und strahlt. Im Weggehen dreht er sich noch einmal um und sagt: »Bei der Kirche lohnt es sich immer, und in der Weihnachtszeit besonders.«

Dem Pastor tut der schlaksige Junge mit seiner Familie leid. Über einen Polizisten, der Mitglied in seiner Gemeinde ist, erfährt er dessen Adresse. Bei der Polizei ist der Junge längst bekannt, weil er auch vor anderen Gotteshäusern pünktlich nach Gottesdienstschluss mit Pappschild und klappernder Büchse auf Spendenfang gegangen ist.

Einige Tage später, Schule und Mittagessen sind vorbei, macht sich der Pfarrer auf den Weg in die Südstadt. Vor dem Haus, in dem die Familie wohnen soll, steht Manfred mit den Händen in den Hosentaschen mit einem anderen Jungen zusammen. Als er den Pastor kommen sieht, zieht er seine Kappe tief ins Gesicht und versucht, sich davonzumachen.

Aber der Pfarrer hat ihn erkannt und spricht ihn sofort an. »Hallo, Manfred, ich grüße dich und auch deinen Freund.«

Der Junge neben Manfred ist etwas kleiner und dicker. Er schüttelt den Kopf und blickt verwirrt. »Mein Kumpel heißt gar nicht Manfred, da müssen Sie sich vertan haben!«

Der Pastor lässt sich nicht beirren. »Doch, am letzten Sonntag haben wir uns nach dem Gottesdienst unterhalten. Manfred hat mir einiges über seine Familie erzählt.«

Der Freund ist perplex. Er rückt ein Stück von seinem Kumpel ab und schaut ihn neugierig an. »Du warst letzten Sonntag in der Kirche? Mensch, ich glaub, mich tritt ein Pferd! Das hätte ich nicht von dir gedacht!« Er stemmt seine Hände in die Seiten und schaut verwirrt.

Manfred oder wie er auch heißen mag, schiebt seine Kappe aus dem Gesicht, hat glutrote Wangen und versucht, die Situation zu retten. »Herr Pfarrer, Sie müssen entschuldigen, aber ich heiße gar nicht Manfred.« Der arme Junge steht gewaltig unter Druck und macht ein paar hilflos wirkende Handbewegungen.

Der Pfarrer beruhigt ihn: »Das macht doch nichts. Du kümmerst dich auf jeden Fall um deine in Not geratene Familie.«

Kleine Pause. Der Junge, der sich Manfred genannt hat, ist völlig durcheinander.

»Weißt du was, wir gehen jetzt mal zu deinen Eltern. Ich mache einen Besuch und wir überlegen, was wir machen können, okay?«

O weh! Der Junge druckst herum und sein Kumpel sucht kopfschüttelnd das Weite. »Meinetwegen«, sagt Manfred schließlich und man sieht, dass er sich ausgesprochen unwohl fühlt. Widerwillig klingelt er und die Mutter öffnet die Tür. Sie sitzt keineswegs im Rollstuhl. Sie schaut beide überrascht an.

»Mutter, das ist der Pfarrer von der Christuskirche.«

Misstrauisch und ängstlich fragt sie schnell: »Na, was hat der Bengel wieder angestellt?« Sie bittet den Gast hinein und schließt die Tür.

Der Pfarrer will ihr die Befürchtungen nehmen. »Nein, im Gegenteil«, erklärt er, »ich bewundere Ihren Sohn, wie er sich für die Familie einsetzt und Geld sammelt, damit es Ihnen besser geht.«

Der Mutter verschlägt es die Sprache. Sie lässt sich wortlos in einen Sessel fallen.

Der Pfarrer hat mit einem Blick das Wohnzimmer, die Einrichtung und den Flur in Augenschein genommen. Nein, nach Armut sieht das alles nicht aus, nach Reichtum allerdings auch nicht.

Der Junge hat den Kopf tief gesenkt. Er hat sich in eine ganz böse Sache verstrickt.

»Martin, ich verstehe überhaupt nichts. Und jetzt raus mit der Sprache! Was ist passiert?« Die Mutter hat sich im Sessel aufgerichtet, ihre Stimme klingt bedrohlich.

Der Pfarrer hat sich in einem anderen Sessel niedergelassen und Martin steht vor einem Heizkörper in der Wohnung und hat beiden den Rücken zugekehrt. Er ist nicht zu beneiden.

Seine Mutter wird noch ein bisschen lauter. »Und dreh uns nicht das Hinterteil zu, wenn du mit uns sprichst, hörst du?«

Gehorsam dreht sich Martin um und hält sein Gesicht bedeckt. Das Ganze ist ihm höchst peinlich. »Das war so: Ich wollte unbedingt einen iPod haben. Die andern haben längst einen, und weil Papa aber Nein gesagt hat …«

Seine Mutter fällt ihm ins Wort und erklärt dem Pfarrer: »Mein Mann war ein halbes Jahr arbeitslos. Wir sind im Augenblick nicht so gut dran …« Sie wendet sich ihrem Sohn zu:

»Papa hat dich bis auf deinen Geburtstag im Mai vertröstet. Dann kriegst du deinen iPod. Das sollte eigentlich reichen.«

Mutter unterbricht sich selbst: »Meine Güte, ich weiß immer noch nicht, was du angestellt hast.«

Martin dreht sich verschämt zur Seite. »Ich habe an zwei Adventssonntagen nach dem Gottesdienst vor der katholischen und vor der evangelischen Kirche mit einer Büchse gesammelt.«

Die Mutter reckt ungläubig ihren Kopf nach vorn. »Was hast du gemacht?«

Jetzt mischt sich der Pfarrer ein und wendet sich der Mutter zu. »Also, Ihr Sohn hat das ganz geschickt gemacht. Auf einem großen weißen Pappschild, das er an einem Stiel befestigt hat, stand zu lesen: ›Ich sammle für meine verarmte Familie.‹«

Der Mutter steht der Mund offen. Sie schaut vom Pfarrer zum Sohn und sagt wie benommen: »Also … also, du hast uns bis auf die Knochen blamiert! Junge!«

Martin dreht Mutter und Pfarrer wieder den Rücken zu und lässt den Kopf hängen.

Der Pfarrer nimmt es leichter. »Meine Vermutung ist, dass sich die Sache für Martin gelohnt hat. Einige Christen haben sich in der Weihnachtszeit erweichen lassen und Ihr Sohn bekommt vom Christkind seinen iPod.«

Die Mutter schließt die Augen und schüttelt unaufhörlich ihren Kopf. Dann droht sie mit dem Finger: »Aber das steht außer Zweifel: Vom Christkind bekommt der nie und nimmer das Ding, das ist doch lächerlich!«

»Das finde ich nicht«, sagt der Pfarrer, »aber ich will Sie nicht belehren. Darum ist das Christkind doch gerade auf die Erde gekommen, um eine verlogene Welt zu beschenken. Wäre es im Himmel geblieben, sähe alles heute noch schlimmer aus. Das glaube ich fest.«

Die Mutter sieht noch nicht überzeugt aus. Sie ist bis auf den Grund ihrer Seele wütend. »Ich rede heute Abend mit Papa und du bekommst erst mal eine kräftige Abreibung. Dann weißt du, was sich gehört!«

Der Pfarrer unternimmt einen weiteren Anlauf, um sie zu beschwichtigen: »Ich versuche Sie zu verstehen. Es stimmt, die Sache, die Ihr

Sohn angestellt hat, ist wirklich nicht gut. Aber Ihr Sohn hat Ideen, und wenn er sich demnächst positive Ideen ausdenkt, und das tut er bestimmt, dann wird er vielleicht anderen, wirklich armen Menschen helfen.«

Jetzt ist Martin hellhörig geworden. Abrupt dreht er sich um und sagt: »Herr Pfarrer, ich danke Ihnen, dass sie mich nicht fertiggemacht haben. Und angezeigt haben Sie mich auch nicht. Ich weiß, das Ganze ist eine große Schweinerei. Vielleicht kann ich etwas wiedergutmachen. Wenn nach Weihnachten die Sternsinger durch die Straßen ziehen und für die wirklich Armen in der Welt sammeln, dann bin ich dabei. Können Sie sich das vorstellen?«

Der Pastor ist überwältigt und reagiert sofort: »Martin, das ist eine hervorragende Idee. Weißt du was, ich rede mit meinem katholischen Amtsbruder. Wir kennen uns gut und dann klappt die Sache. Ich freue mich für dich!«

Nun dreht er sich zu Martins Mutter um, die immer noch etwas verwirrt dreinschaut. »Sehen Sie«, sagt er zu ihr, »ich glaube fest daran, dass sich Menschen verändern können. Das ist mein Beruf. Und darum feiern wir doch Weihnachten. Christus ist geboren, Gott wurde Mensch und will aus bösen und verlogenen Menschen andere machen. Dieses Vertrauen gebe ich nicht auf!«

Draußen vor der Tür

Er kam in sein Eigentum; und die Seinen nahmen ihn nicht auf.
Johannes 1,11

Auf deutschen Theaterbühnen ist immer wieder einmal Wolfgang Borcherts Stück »Draußen vor der Tür« zu sehen. Geschildert wird eine Heimkehrersituation: Ein Soldat kommt aus der Gefangenschaft. Jahrelang hat er auf diesen Augenblick gewartet. Und nun steht er endlich mit zitterndem Herzen da und klopft an seine Haustür. Er steht vor seiner eigenen Wohnung, und drinnen ist seine Frau. Und alles in ihm ist gespannt auf diesen ersten Augenblick der Begegnung. Da öffnet sich die Tür. Er sieht und erkennt blitzartig, dass sie gar nicht mehr auf ihn wartet. Es war ihr zu lange geworden. Nun hat ein anderer seinen Platz eingenommen. Das, wofür er geblutet, worauf er gewartet hat, ist plötzlich nicht mehr da. Er steht draußen vor der Tür seines Eigentums.

Das ist nicht nur ein Heimkehrerschicksal, das war auch das Schicksal von Gottes Sohn. Vom ersten Augenblick an steht er draußen vor der Tür. Damals im Stall von Bethlehem, damals in Nazareth, wo sie ihm aus Unglauben nicht die Türen öffneten, damals in Jerusalem, als er über die Stadt weinen musste, und dann, als sie ihn draußen vor dem Tor ans Kreuz hängten.

»Er kam in sein Eigentum, und die Seinen nahmen ihn nicht auf.« Woran liegt es, dass sich dieses Schicksal immer wiederholt? Vor allem liegt es daran, dass jeder selbst Besitzer und Herr sein will über sein eigenes Leben und selbstständig bestimmen möchte.

Aber es ist ja seine eigene Welt, in die der Sohn Gottes kommt. Durch ihn ist sie geschaffen worden. Er ist der Besitzer, der Eigentümer, der heimkommt in sein Eigentum. Er ist auch der Eigentümer jedes einzelnen Lebens. Und das, was sich damals vor 2000 Jahren abgespielt hat, geschieht immer wieder. Es geschieht dort, wo ich ihn nicht den Herrn sein lasse, dort, wo ich gebieten möchte über mein eigenes Leben, wo ich meinen Besitz, meine Zeit, meine Kraft als mein Eigentum betrachte und es ihm nicht zur Verfügung stelle.

Josef – eine Nebenrolle

Nach Josef dreht sich kein Mensch um,
er steht gelassen nur herum,
darf artig die Laterne halten,
den Stall ausmisten und gestalten.
Er darf Holz hacken und den Esel tränken,
er darf dem Kind ein Lächeln schenken.

Josef, ein Beispiel der Bescheidenheit?
Nur ein Statist zur Weihnachtszeit?
Eine Nebenrolle in der Weltgeschicht'?
Als bärt'gen Greis sehn Maler sein Gesicht,
wortkarges Muster männlicher Natur,
sein Ruhm sind Zuverlässigkeit und Treue pur.

Die Bibel sagt: Josef war ein frommer Mann –
das höchste Lob, das Gottes Wort aussprechen
*   kann.*
Vertrauend folgt er Gottes Stimme in den Träu-
*   men,*
gehorsam will er Gottes Weisung nicht versäu-
*   men.*
Maria, der Verlobten, bleibt er fest verbunden,
ein Wunder, wie er seinen Platz gefunden.

Wir haben keine Gefühle mehr füreinander

Es ist Anfang Dezember. Der Frost hat aus-
nahmsweise unser Land schon fest im Griff.
Ein kalter Wind fegt durch die Straßen. Die
Menschen verstecken ihr Gesicht hinter Man-
telkragen.

Da erscheint ein Mann bei mir zur Bera-
tung, der sich erst vor wenigen Tagen telefo-
nisch mit den Worten angemeldet hat: »Meine
Ehe steht vor dem Scheitern. Sie sind für mich
der letzte Strohhalm. Ich brauche schnell
einen Termin!«

Als ich die Tür öffne, steht ein stattlicher
Mann in einem kurzen, schwarzen Regenman-
tel vor mir. Ein dicker, grauer Wollschal fällt
ihm elegant über den Rücken. Auf dem Kopf
trägt er einen schwarzen Hut mit einer breiten
Krempe. Bevor ich ihn hereinbitte, reibt er
sich seine kalt gewordenen Ohren.

»Meine Güte, kommt der Winter dieses
Jahr früh!« So begrüßt er mich und zieht seine
Handschuhe noch vor der Tür aus.

Als ich ihm meine Hand reiche, nennt er mir seinen Namen: »Meyerink! Wir sind um zehn Uhr verabredet.«

In der Garderobe legt er ab und ich bitte ihn ins Beratungszimmer. Er wählt den Sessel rechts vor dem Glastisch mit Blick auf den Garten. Er reibt sich die weißen Hände und schaut mich erwartungsvoll an.

»Sie haben Eheprobleme, habe ich noch im Ohr, und sehen in mir sozusagen den letzten Strohhalm. Kein gutes Omen, wenn ich das sagen darf!«

Der Mann rückt im Sessel etwas nach vorn. »Sie haben recht. Ich bin ziemlich resigniert und verzweifelt. Meine Frau und ich sind seit zehn Jahren verheiratet. Wir haben zwei Kinder im Alter von acht und sechs Jahren. Ich bin Diplom-Ingenieur und Geschäftsführer in einem mittelgroßen Unternehmen.« Er macht eine Pause.

Ich ziehe mir den Schreibblock vom Glastisch auf den Schoß. »Wenn Sie erlauben, würde ich mir gern einige Notizen machen. Dass hier nichts den Raum verlässt, ist selbstverständlich. Aber zuvor würde ich gern von

Ihnen hören, was Sie in diesen anderthalb Stunden konkret von mir erwarten.«

Meyerink kraust seine Stirn und schaut angestrengt aus dem Fenster. »Kurz gesagt: Unsere Ehe ist am Nullpunkt angelangt. Unsere Beziehungen sind abgestorben.« Der Mann sitzt verspannt im Sessel und legt seine Stirn in Falten.

»Und was erwarten Sie von mir?«

Er beugt sich wieder weit vor. »Gibt es noch eine Rettung oder ist der Zug endgültig abgefahren?«

Den Arbeitsauftrag notiere ich mir auf dem Schreibblock. »Noch weiß ich zu wenig von Ihnen beiden. Wie ist es denn zu den abgestorbenen Beziehungen gekommen?«

Einen Augenblick denkt er nach und formuliert präzise, wie er es beruflich gewohnt ist. »Wir sind beide Christen und haben uns im Studium bei der SMD, Studentenmission in Deutschland, kennengelernt. Beide waren wir überzeugt, dass wir füreinander bestimmt sind. Sie wurde Gymnasiallehrerin und ich Diplom-Ingenieur. Zwei Jahre später haben wir geheiratet. Die Zeit war wunderbar, bis die

Kinder kamen.« Er schüttelt nachdenklich den Kopf.

An dieser Stelle hake ich ein. »Was wollen Sie damit sagen?«

»Ich kann es nur aus meiner Sicht beschreiben: Sie gab ihren Beruf auf, kümmerte sich um die Kinder und ich machte beruflich Karriere. Wir entfremdeten uns mehr und mehr. Ich musste beruflich viele Auslandsreisen unternehmen und war in der Woche jeden Tag mindestens elf Stunden unterwegs.«

Ich lege meinen Block zur Seite. »Das klingt anstrengend, muss aber eine Ehe nicht unbedingt gefährden, oder?«

»Ich weiß es nicht. Wir haben uns auseinandergelebt. Bis zum ersten Kind waren wir aktiv in einer Kirchengemeinde. Der Glaube hat uns einmal viel gegeben.«

»Hat. Heute nicht mehr?«

»Meines Erachtens ist im Laufe meiner Karriere auch der Glaube auf der Strecke geblieben.«

»Auch bei Ihrer Frau?«

Er macht ein ernstes Gesicht. »Oh, Sie beobachten genau! – Nein, bei ihr nicht. Sie glaubt fest, aber ich bin einfach zu nüchtern. Das Rationale spielt mir immer wieder einen Streich. Mir fehlt das Warmherzige, das Weiche, jedenfalls sagt sie das.«

Mir scheint, wir haben einen wesentlichen Punkt angesprochen. »Und wie geht Ihre Frau damit um?«

»Sie leidet unter meiner Nüchternheit. Oft bin ich überarbeitet und kann ihr abends oder am Wochenende nur noch einen apathischen Ehemann präsentieren.«

Ich lasse nicht locker. »Und sie unternimmt nichts, um Sie aus der Apathie herauszuholen?«

»Doch, sie hat sich große Mühe gegeben, hat mir oft tolles Essen gekocht, war oft zärtlicher als ich. – Ja«, er holt tief Luft, »und dann hat sie kapituliert.«

»Wie lange liegt das zurück?«

Nachrechnend schaut er unter die Decke. »Etwa zwei Jahre.« Leise stöhnt er vor sich hin. »Wir gehen beide frustriert ins Bett, liegen gleichgültig nebeneinander. Wir haben die Lust aneinander verloren. Vor einem Jahr habe ich zum ersten Mal das Wort Trennung beziehungsweise Scheidung in den Mund genommen.«

»Und wie hat Ihre Frau reagiert?«

»Sie fing spontan an zu weinen und sagte: ›Wenn du es so willst!‹«

Ich lege meinen Block ruhig zurück auf den Glastisch. »Sie spielen mit dem Gedanken an eine Trennung oder Scheidung. Ihre Frau dagegen ist nicht überzeugt. Deute ich das richtig?«

»So ist es. Unsere Gefühle füreinander stimmen nicht mehr. Ich habe nicht die Kraft, über meinen Schatten zu springen, sie hat nicht die Kraft, mir positive Gefühle entgegenzubringen. Die Leidenschaft, die wir bis zum ersten Kind empfunden haben, ist auf der Strecke geblieben. Unsere Gefühle sind mehr oder weniger tot.«

Ich versuche, es auf den Punkt zu bringen. »Sie fragen also, welche Möglichkeiten es noch gibt, das Steuer herumzureißen?«

Meyerink nickt heftig. »Genau, das ist meine Frage.«

Zur Sicherheit erkundige ich mich: »Eine andere Frau ist nicht im Spiel, oder?«

Er reißt erstaunt die Augen auf und wehrt sich energisch. Seine Abwehr klingt überzeugend. »Um Himmels willen, nein!«

Ich schaue ihm tief in die Augen. »Es gibt eine schlichte und handfeste Möglichkeit: Sie gehen hin und lieben Ihre Frau.«

Der Mann schaut mich verständnislos an. Einen Augenblick prüft er seine Wahrnehmung und überlegt, was er mir sagen kann. »Ich glaube, Sie haben mich missverstanden. Unsere Gefühle füreinander sind abhandengekommen. Ich kann meine Frau nicht lieben.«

Ich gebe mir alle Mühe, ruhig zu bleiben. »Doch, Sie können sie lieben, wenn Sie sich Mühe geben, wenn Sie wirklich wollen.«

Er schaut mich entgeistert an. »Ich kann doch nicht gegen meine Gefühle einen Menschen lieben! Meine und ihre Gefühle sind einfach nicht mehr da!«

Ich versuche, ihn nicht gegen mich aufzubringen. »Für meinen Begriff sind Liebe und Gefühle zwei Paar Schuhe. Ich kann den anderen lieben, ohne dass meine Gefühle mich dabei unterstützen.«

Der Mann schaut versunken in sich hinein.

»Vorstellen kann ich mir vielleicht, dass ich einem Obdachlosen in der Fußgängerzone, der mir zudem noch höchst unsympathisch ist, zehn Euro in die Hand drücke und ihm damit meine Liebe zeige. Aber bei meiner Frau?«

Ich strahle ihn an. »Sie haben gerade präzise die Liebe charakterisiert. Wenn Sie Ihrer Frau diese Liebe angedeihen lassen, werden Sie in kurzer Zeit eine veränderte Partnerin erleben.«

Er schaut mich zweifelnd an. »Das kann ich mir nicht vorstellen. Vielleicht reagiere ich wirklich viel zu rational!«

Ich bleibe fest. »Wahrscheinlich. Sie müssen sich das auch nicht vorstellen! Sie lieben Ihre Frau und warten ab, was geschieht. Oder wagen Sie in Ihrer Firma nicht auch Experimente und lassen sich überraschen?«

Fragend zieht er seine Stirn in Falten. »Natürlich! Bei sachlichen Versuchen in der Firma rechnen wir mit bestimmten Erfolgsquoten. Da brauchen wir auch keine Gefühle! Aber die Ehe ist doch keine Firma! Was wollen Sie denn machen, wenn die Gefühle eingeschlafen sind?«

Ich kann ein Lächeln nicht unterdrücken. »Ich wundere mich, dass Sie als Ingenieur und kopfgesteuerter Mensch eine so hohe Meinung von Gefühlen haben. Die interessieren uns im Augenblick überhaupt nicht, sondern nur die Liebe, die Sie praktizieren können. Sagen wir mal: wie bei dem Obdachlosen in der Fußgängerzone.«

Der Mann schaut bissig drein. »Soll ich etwa meine Frau mit Geldscheinen lieben? Die wird sie mir vor die Füße knallen! Ohne Gefühle kann man doch nicht lieben!«

»Als Jesus einen Aussätzigen berührte und gesund machte, als er einem Blinden Erde mit Speichel vermischt auf die Augen schmierte und ihn heilte, glauben Sie wirklich, dass da seine Gefühle im Vordergrund standen? Doch die Leute sprachen von einer unglaublichen Liebe, oder?«

Der Mann fasst sich mit beiden Händen rechts und links an die Schläfen. »Langsam dämmert es mir, was Sie sagen wollen!«

Ich mache eine Pause. »Möchten Sie mir sagen, was Sie verstanden haben?«

Er stöhnt und kommt ins Schwitzen. »Es

fällt mir schwer, es ohne Liebesgefühle bei meiner Frau umzusetzen.«

»Probieren Sie es einfach.«

Er gibt sich absichtlich ungeschickt und fragt wie ein kleines Kind: »Und was meinen Sie, was ich tun sollte?«

Die Antwort kommt mir schneller als erwartet über die Lippen: »Alles, was ihr Freude bereitet.«

Er schließt die Augen und spricht leise vor sich hin. »Ich glaube manchmal, ihr macht alles Freude, was ich für sie tue.«

Spontan rege ich an: »Eine ideale Voraussetzung für Weihnachten. Es geht auf das Fest zu. Sie können mit vielen Kleinigkeiten ihr Herz gewinnen.«

Überzeugt ist der Mann nicht. »Und Sie meinen, dass sich das lohnt?«

»Nur wenn Sie es fest glauben und im Gebet davon überzeugt sind.«

Der Mann rutscht hilflos im Sessel hin und her. »Komisch, in der Firma sprühe ich vor Ideen, aber in der Liebe zu meiner Frau bin ich völlig einfallslos.«

Mich reizt diese mangelnde Kreativität und

ich wage den Einspruch: »Ich will nicht boshaft sein, aber genau das ist personifizierte Lieblosigkeit. Wenn Sie gründlich nachdenken, fallen Ihnen mit Sicherheit praktische Beispiele ein, wie Sie Ihre Gattin glücklich machen können.«

Er nickt vielsagend. »Zu Weihnachten und zum Geburtstag schenke ich ihr seit fünf Jahren Geld. Ich kenne ihre Wünsche nicht und hoffe dann immer, sie sieht meinen guten Willen.« Der Mann schaut verlegen nach unten. Vermutlich schämt er sich.

Dieses Gefühl will ich ihm nicht nehmen. »Wahrscheinlich bedankt sie sich artig und ist mehr unglücklich als glücklich.«

Er nickt. »Ich vermute es. Oft liegt der Umschlag mit dem Geldgeschenk monatelang auf ihrem Nachttisch.«

Etwas forsch gebe ich dem Gespräch eine neue Wendung. »Das perfekte Zusammenspiel auf beiden Seiten hat Ihre Gefühle auf den Nullpunkt gebracht. Sie haben den Schlüssel in der Hand, die Liebe und die Liebesgefühle neu zu entfachen. Überlegen Sie bitte einmal, wie Sie Ihrer Frau vor der Hochzeit begegnet sind.«

Über sein Gesicht huscht ein Lächeln. In Gedanken geht er einige Jahre zurück. »Vor der Hochzeit, ja, da habe ich ihr jeden Tag eine Rose geschenkt. Mal eine gelbe, mal eine rote oder eine weiße.«

Ich beuge mich in meinem Sessel vor. »Und Sie wollen mir einreden, dass Sie einfallslos sind?«

Er reagiert sofort. »Aber ich kann ihr doch nicht plötzlich mit Rosen kommen! Sie wird mich auslachen oder mich ernsthaft fragen, ob ich ein schlechtes Gewissen habe.«

»Na und? Haben Sie denn kein schlechtes Gewissen?«

»Das ist es ja«, sagt er.

»Was werden Sie ihr also sagen?«

Einen Augenblick druckst er herum. »›Meine Liebe‹ – das habe ich schon lange nicht mehr gesagt –, ›ich habe jahrelang nur meine Karriere im Auge gehabt, ich habe dich und die Kinder vernachlässigt. Ich versuche einen Neuanfang. Jedenfalls will ich es allen Ernstes! Vielleicht hilfst du mir dabei?‹« Ihm ist ganz heiß geworden. Er öffnet sein Jackett und holt tief Luft.

»Und Sie glauben, das hat Erfolg?«

Ich bin überzeugt davon. »Wenn Sie ehrlich wollen, und selbst wenn Ihre Gefühle noch im Tiefschlaf liegen, warten Sie ab, was in ihr vorgeht. Sie haben Ihre Frau doch einmal geliebt, oder?«

Er nickt beiläufig. Mit seinen Gedanken ist er vermutlich bei ihr. In seine Augen tritt ein wässriger Schimmer. Das geht ihm zu weit. Wortlos steht er auf, zückt seine Brieftasche und legt mir das Honorar auf den Tisch. Sorgfältig knöpft er sein Jackett wieder zu und zupft verlegen an seinem Schlips. Er schaut mich nicht an. »Sie waren mir heute mehr als ein Strohhalm!«

Wir gehen aus dem Beratungszimmer die Treppe hoch. Im Flur helfe ich ihm in den Mantel und reiche ihm den Hut. Er hat es eilig. Kurz und ohne viele Worte verabschiedet er sich und dreht sich dann noch einmal um. »Wahrscheinlich hören Sie im neuen Jahr von mir. Jetzt müssen wir erst mal Weihnachten hinter uns bringen. Und für Sie und Ihre Frau gesegnete Advents- und Festtage!«

Ich drücke ihm fest die Hand, wünsche ihm

eine gute Entscheidung und ebenfalls gesegnete Advents- und Weihnachtstage.

* * *

Ganz unerwartet ruft mich am zweiten Weihnachtstag die Frau des Ingenieurs an. Einige
Male entschuldigt sie sich, dass sie mich zu
einer völlig unpassenden Zeit belästigt. Sie
wünscht mir und meiner Frau gesegnete
Christfeststunden und will mich unbedingt in
den nächsten Tagen sprechen. Näheres will sie
nicht sagen, aber ihre Stimme klingt froh und
zuversichtlich.

Zwischen den Jahren vereinbaren wir einen
Termin am Morgen.

Zur festgesetzten Zeit erscheint eine Frau im
hellen Ledermantel. Eine weiße Pelzmütze bedeckt ihren Kopf. Sie strahlt und streckt mir
ihre Hand entgegen. Sie schüttelt sich und ich
lasse die Tür ins Schloss fallen. »Hu, ist das
draußen kalt!«, sagt sie. Ihrem Gesicht sieht
man die Kälte an.

Im Flur nehme ich ihr den Mantel ab und
lege die Mütze ins Regal. Ich bitte sie, mir ins

Arbeitszimmer zu folgen. Sie reibt sich die Arme und nimmt in einem der Sessel Platz. Und schon sprudelt sie los: »Ich kann es nicht anders sagen: An unserer Ehe ist ein Weihnachtswunder geschehen. Nachdem mein Mann bei Ihnen war, habe ich einen verwandelten Ehemann zurückbekommen. Stellen Sie sich vor, er brachte mir eine langstielige Baccararose mit und strahlte mich über alle Backen an. Seit acht oder neun Jahren habe ich keine so schöne Blume mehr in unserem Haus gesehen. Glauben Sie mir, ich war nicht wenig misstrauisch. Ich habe ihn völlig in Frage gestellt. Und wissen Sie, was er mir dann sagte?«

Ich wage ein zaghaftes »Nein«.

»»Der Therapeut hat zu mir gesagt, jetzt kommt bestimmt von der Gemahlin der Satz: Hast du ein schlechtes Gewissen?‹« Sie schaut mich forsch an. »Das habe ich tatsächlich geglaubt!«

»Und?«, frage ich.

»Mein Mann war gut vorbereitet und hat geantwortet: ›Ja, ich habe ein sehr schlechtes Gewissen. Jahrelang habe ich nur meine Karriere ins Auge gefasst und habe dich und die Kinder vernachlässigt.‹«

Der Frau schießen Tränen in die Augen und ich schiebe ihr ein Papiertaschentuch über den Glastisch. Mit dem Tuch streicht sie einige Male über die nassen Augen und spricht weiter.

»Meine Güte, er stand da wie ein begossener Pudel. So kenne ich ihn normalerweise gar nicht. Er ist stolz und steht kerzengerade im Leben.« Ihr Kinn zittert ein wenig und sie wischt sich noch einmal über die nassen Augen. »Er tat mir plötzlich richtig leid, und ich habe ihn in die Arme genommen, ausgesprochen leidenschaftlich.«

Sie macht eine lange Pause, als wolle sie die Glücksmomente noch einmal in Gedanken genießen. »Wir waren beide überwältigt. Und da kamen plötzlich die Kinder rein. Völlig im falschen Augenblick! Und wie aus einem Munde haben wir sie rausgeschickt. Unglaublich!« Sie schüttelt verwundert ihren Kopf. »Sehen Sie, bei mir gingen jahrelang die Kinder vor. Zum ersten Mal habe ich meinem Mann den Vorrang gegeben. Mich hat das selbst überrascht.«

Plötzlich richtet sie sich im Sessel auf. »Ich will Sie nicht mit Einzelheiten langweilen. Aber dieser Umschwung hielt an! Wirklich! Jeden Tag bekam ich eine Rose, jedes Mal in einer anderen Farbe. Er schmückte das Wohnzimmer adventlich. Plötzlich hatte der verkopfte Typ Ideen. Er kaufte eine riesige Weihnachtspyramide und setzte sich abends ans Klavier und spielte Advents- und Weihnachtslieder. Ich wusste gar nicht, dass er Klavier spielen kann. Unser Benjamin, der das Ganze noch nicht einordnen konnte, sagte: ›Die Adventszeit ist die schönste Zeit im Jahr.‹ Er erlebte eine völlig veränderte Familienatmosphäre. Uns verschlug es die Sprache.«

Die Frau hat rote Wange bekommen und schiebt rechts und links den dicken Pullover an den Armen hoch.

»Aber eine Sache muss ich Ihnen noch erzählen. Das war am ersten Weihnachtstag. Heiligabend sind wir bewusst nicht in die Kirche gegangen. Da ist alles immer brechend voll. Wir sind am ersten Weihnachtstag um zehn Uhr gegangen. Die Kirche war relativ leer. Die Weihnachtsbäume brannten. Die

Krippe war hell erleuchtet. Und unsere Kinder begleiteten uns. Der Pfarrer, mit dem wir einige Jahre zusammengearbeitet hatten, hielt die Predigt. Als der Gottesdienst zu Ende war und die Orgel das Schlusslied spielte, ging der Pastor zum Ausgang, um die Leute zu verabschieden. Als wir an die Reihe kamen, nahm er uns als Eheleute beiseite und sagte: ›Euch hat das Christkind wohl besonders beschenkt. Ich habe euch beobachtet. So stelle ich mir ein gesegnetes Fest vor!‹ Wir schüttelten uns die Hände, und mein Mann flüsterte dem Pfarrer ins Ohr: ›Im kommenden Jahr kannst du wieder mit unserer Mitarbeit rechnen.‹ Ja, ›mit unserer‹, das hat er tatsächlich gesagt! Der Pfarrer blinzelte mir zu: ›Ich sagte es ja, ein gesegnetes Fest!‹«

Die Frau unterbricht sich abrupt. Sie macht eine Pause und schaut mich an. Die hochgeschobenen Pulloverärmel zieht sie zurück und runzelt die Stirn. »Sie haben noch gar nichts gesagt. Ich habe ohne Punkt und Komma geredet. Können Sie sich vorstellen, dass diese beglückenden Gefühle bleiben?« Große ernste Augen blicken mich an.

Ich zögere die Antwort einen Augenblick hinaus. Ich will keine falschen Erwartungen unterstützen.

»Diese beglückenden Gefühle werden mit Sicherheit etwas nachlassen. Auf Gefühle können wir unsere Beziehungen nicht aufbauen. Gefühle sind »wetterabhängig«. Gefühle kommen und gehen. Was dagegen bleibt, ist die Liebe. Bei Ihnen beiden waren die Gefühle abgestorben. Aber sie wurden wiederbelebt. Und wie? Als Ihr Mann Liebe praktizierte, und zwar gegen seine realen Gefühle. Schenken Sie Liebe, auch wenn die Gefühle noch auf sich warten lassen. Zärtlichkeit, Komplimente, Zuwendung und Anteilnahme, das ist Liebe. Die Reaktion auf beiden Seiten werden gute Gefühle sein. Liebesgefühle! Haben Sie das nicht erlebt?«

Sie nickt überzeugt. »Seltsam, ich bin mit der Gewissheit groß geworden: Gefühle sind das Barometer unserer Liebe. Zeigt das Barometer eines Tages keine Leidenschaft mehr, ist es mit der Liebe vorbei. Und die Folge? Wir geben auf!«

Wieder entsteht eine kleine Pause. Und sie

fasst nach: »Und was ist in Ihren Augen Liebe?«

Ich möchte es unmissverständlich formulieren. »In erster Linie jedenfalls kein Gefühl, sondern eine Gesinnung. Liebe ist ein Geschenk und eine Willensentscheidung. ›Ich will dich lieben, auch wenn einige Gefühle im Wege stehen. Ich werde dich lieben, auch wenn der Rausch von vor der Ehe verflogen ist.‹«

Beglückt springt die junge Frau aus dem Sessel auf. »Das nehme ich mit nach Hause: Wenn die Gefühle nachlassen, ist die Liebe gefragt. Bis kurz vor Weihnachten haben wir nur auf die Gefühle geschaut und haben uns angeödet.« Sie schüttelt verwundert den Kopf. Im Stehen kramt sie in ihrer Handtasche und legt das Honorar auf den Glastisch.

Vor mir stürmt sie die Treppe hoch und bleibt im Flur stehen. Ich helfe ihr in den Mantel und hole die weiße Pelzmütze vom Regal.

Sie reicht mir zum Abschied dankbar die Hand: »Heute weiß ich's, Liebe ist eine Wundermedizin. Und wenn das Christkind seinen

Teil dazutut, kann doch nichts mehr schiefgehen, oder?«

Dem habe ich nichts hinzuzufügen.

Der Winter ist gekommen

Der Winter ist gekommen,
die Welt ist trist und kalt.
Der Mensch fühlt sich benommen,
käm' doch der Frühling bald.

Das Weihnachtsfest ist schon vergangen,
der Weihnachtsbaum hat ausgedient,
das Christkind wartet voll Verlangen,
dass ein Mensch sich nach ihm sehnt.

Die letzten Tage zählt das Jahr,
gezählt sind auch die Stunden.
Am Ende wird es offenbar:
Hast du im Kind dein Heil gefunden?

Erster Weihnachtstag

So will es das herzliche Erbarmen unseres Gottes,
mit dem uns der Aufgang aus der Höhe besuchen
wird, um denen Licht zu spenden, die in Fins-
ternis und Todesschatten sitzen.
Lukas 1,78–79

Am 25. Dezember wurde in der römischen
Welt der Kult des Sol Invictus, der unbesieg-
baren Sonne, deren Verkörperung der Kaiser
darstellte, besonders festlich begangen. Im
Rhythmus des Jahres nimmt die Sonne jetzt
wieder zu und stellt den Fortbestand und den
Weitergang des Lebens dar.

Christus wurde wohl nicht am 25. Dezember geboren. Aber die junge Christenheit
wollte missionarisch bezeugen: Geht nicht
zum Sol Invictus, zum angeblich unbesiegba-
ren Sonnengott, sondern kommt zum Herrn
aller Herren, der selbst das Licht ist und wie
der Aufgang der Sonne in die Finsternis der
Welt hineinleuchtet.

Licht fasziniert, erhellt und erwärmt. Das

Licht der Weihnachtskerzen an Christbäumen und Adventskränzen ist ein symbolischer Hinweis auf das Licht der Welt, das uns »aus der Höhe« besuchen wird, um die Finsternis hell zu machen. Weihnachten bedeutet mehr als Wintersonnenwende, bedeutet mehr als Sieg des Lichtes über die Dunkelheit. Kein wunderbares Naturereignis, sondern der lebendige Gott hat seinen Wohnsitz verlassen, um uns zu besuchen. An Weihnachten wurde der Retter geboren, der Licht, Heil und Leben schenkt. Wir müssen nicht länger im Todesschatten und in der Finsternis sitzen. Unsere persönlichen Dunkelheiten, Ängste und Nöte will er auf sich nehmen. Sein Kommen in die Welt garantiert ewiges Leben. An seinem Geburtstag feiern wir den Sieg über unsere Finsternis, über unsere Sünde und Schuld und über unseren Tod. Und ein solcher Sieg kann nicht festlich genug begangen werden!

Ich lag in tiefster Todesnacht,
du warest meine Sonne,
die Sonne, die mir zugebracht
Licht, Leben, Freud und Wonne.
O Sonne, die das werte Licht
des Glaubens in mir zugericht',
wie schön sind deine Strahlen.

Paul Gerhardt